BEI GRIN MACHT SICH IHR WISSEN BEZAHLT

AF167040

- Wir veröffentlichen Ihre Hausarbeit, Bachelor- und Masterarbeit

- Ihr eigenes eBook und Buch - weltweit in allen wichtigen Shops

- Verdienen Sie an jedem Verkauf

Jetzt bei www.GRIN.com hochladen und kostenlos publizieren

Entwicklung eines Kursprogrammes zur Wirbelsäulengymnastik. Analyse interner und externer Faktoren

Isabella Fasching

Bibliografische Information der Deutschen Nationalbibliothek:

Die Deutsche Nationalbibliothek verzeichnet diese Publikation in der Deutschen Nationalbibliografie; detaillierte bibliografische Daten sind im Internet über http://dnb.d-nb.de abrufbar.

ISBN: 9783346448996
Dieses Buch ist auch als E-Book erhältlich.

© GRIN Publishing GmbH
Nymphenburger Straße 86
80636 München

Druck und Bindung: Books on Demand GmbH, Norderstedt Germany
Gedruckt auf säurefreiem Papier aus verantwortungsvollen Quellen

Das vorliegende Werk wurde sorgfältig erarbeitet. Dennoch übernehmen Autoren und Verlag für die Richtigkeit von Angaben, Hinweisen, Links und Ratschlägen sowie eventuelle Druckfehler keine Haftung.

Das Buch bei GRIN: https://www.grin.com/document/1036834

Deutsche Hochschule für
Prävention und Gesundheitsmanagement
Hermann Neuberger Sportschule 3
66123 Saarbrücken

Einsendeaufgabe

Fachmodul:	Gruppentraining 1
Studiengang:	Fitnesstraining
Datum Präsenzphase:	14.5. – 17.5. 2018
Name, Vorname:	Fasching Isabella
Studienort:	**München**
Semester:	**Wintersemester 2017**

Inhaltsverzeichnis

1 Motorische Fähigkeiten im Kursbereich

1.1 Kraft

Kraft bei sportlichen Leistungen wird definiert als „die Fähigkeit des Nerv- Muskel- Systems Widerstände zu überwinden (konzentrische Arbeit), ihnen entgegenzuwirken (exzentrische Arbeit), sie zu halten (statische Arbeit)" (Bergmann, 2018).

Zudem wird Kraft in unterschiedliche Erscheinungsformen unterteilt, wie Kraftausdauer, welche kurz als Ermüdungswiderstandsfähigkeit bei Kraftleistungen beschrieben wird. Maximalkraft beschreibt die größtmögliche Kraft. Reaktivkraft ist die „Muskelkraft, die innerhalb eines Dehnungs-Verkürzungs-Zyklus einen erhöhten Kraftstoß generiert".

Schnellkraft ist die „Fähigkeit in maximal kurzer Zeit einen größtmöglichen Kraftimpuls gegen einen Widerstand aufzubringen" und Absolutkraft entspricht dem Maximum an neuromuskulärer Kraft, die der Mensch gegen einen Widerstand ausüben kann" (Bergmann, 2018).

1.1.1 Kraftübungen:

Bei der Übung Kniebeuge wird im Hüftbreiten Stand mit leicht gebeugten Knien und aufrechtem geraden Rücken begonnen. Knie und Hüfte beugen sich gleichzeitig, das Gesäß wird nach hinten geschoben. Ähnlich wie beim Sitzen auf einem Stuhl sollten die Knie bis maximal 80 Grad gebeugt werden. Durch strecken der Knie und Hüfte richtet man sich langsam in die Ausgangsposition auf. Bei einem Belastungsgefüge von 2 x 16 Wiederholungen handelt es sich um eine Form der Kraftausdauer.

Begonnen wird beim Bizeps-Curl mit Theraband im hüftbreiten Stand, wobei die Knie leicht gebeugt sind. Das Theraband wird unter den Fußsohlen fixiert. Die Arme sind seitlich am Körper nach unten gestreckt, das Theraband wird leicht auf Zug gehalten. Nun Bewegen sich die Unterarme kontrolliert aufwärts, die Ellbogen bleiben am Körper. Bei der Handstellung kann zwischen Pronation, Neutralstellung und Supination gewählt werden. Die Unterarme befinden sich bei einem Winkel von etwa 45 Grad zum Oberarm in Endposition und durch langsames Absenken kann wieder in die Ausgangsposition gelangt werden. Bei 3 Sätzen à 12 Wiederholungen spricht man von Hypertrophietraining (Kraemer & Fleck, 2007, S. 6). Im Kursbereich wird jedoch vorwiegend Kraftausdauer trainiert, meist bei einer Wiederholungszahl von 8 oder 16 mit mehreren Sätzen, da diese gut mit einem Musikbogen kompatibel ist.

1.2 Ausdauer

Die Ausdauer gewährleistet physische und/oder psychische Belastung so lange wie möglich aufrechtzuerhalten (Ermüdungswiderstandsfähigkeit) und sich nach Beendigung der Belastung so schnell als möglich zu erholen (Regenerationsfähigkeit). Ausdauer kann in eine lokale Ausdauer, unter 15 % der gesamten Skelettmuskulatur, und in eine allgemeine Ausdauer, über 15 % der Skelettmuskulatur unterteilt werden. Zusätzlich erfolgt eine Unterscheidung in aerobe und anaerobe Ausdauer, welche abhängig von der Energiebereitstellung ist, und in eine dynamische oder statische Ausdauer. Diese ist abhängig von der arbeitenden Muskulatur (Hollmann und Strüder, 2009, zitiert nach Ferrauti).

Tab. 1.: Beschreibung eines ausdauerorientierten Kursprogrammes

Tae Bo nach Billy Blanks (2004)		
Phasen	**Inhalte/Bewegungsformen**	**Ausdauer-form**
	Begrüßung, Vorstellung und motivieren der Teilnehmer	
Warm-up allge-mein	Einstimmen auf Training, Herz-Kreislaufsystem vorbereiten, Körpertemperatur erhöhen, Stoffwechsel anregen und Produktion von Gelenksflüssigkeit erhöhen Ruhige Ganzkörperübung mit Fokus auf Atmung, leichter Pre-Strech, Mobilisation der Gelenke, kleine Bewegungen langsam steigern von simplen Beinbewegungen bis Kombination mit Armen	Allgemein Aerob Dynamisch
Warm-up speziell	Im Hauptteil beanspruchte Muskulatur aufwärmen, an zu verwendende Trainingsgeräte gewöhnen Kraftvollere Bewegungen, kleine Sprünge	Allgemein Aerob Dynamisch
Hauptteil	Ausdauer verbessern und Kalorien verbrennen → Fettreduktion Intensive Ganzkörperübungen, variierend schnell und langsam, bei Tae Bo vor allem Oberschenkel, Gesäß und Schultern (Kick and Punches), große Muskelgruppen für maximale Fettverbrennung werden trainiert	Allgemein Aerob Anaerob Dynamisch Statisch

Cool-down 1	Herz-Kreislaufsystem wieder beruhigen, Puls und Körpertemperatur reduzieren	Allgemein
		Aerob
	Ganzkörperübungen → Geschwindigkeit reduziert, statische Übungen, Atemübungen mit harmonischen Übungen kombiniert	Dynamisch
Cool-down 2	Muskeln dehnen und lockern, mental auf Alltag einstellen	Allgemeine
	March am Stand, tiefe Atemzüge mit harmonischen Übungen kombiniert, Streching der beanspruchten Muskulatur, leichte Bewegungen um Puls für restlichen Tag wieder leicht zu erhöhen	Aerob
		Dynamisch
	Verabschiedung und motivierende Worte	

Begründung:

In allen Phasen der Kursstunde wird die allgemeine Ausdauer trainiert, da mehr als 15 % der Muskulatur beansprucht werden. Zudem wird die meiste Zeit im aeroben Bereich Energie bereit gestellt, da die Bewegungen über längeren Zeitraum durchgeführt werden können, also oxidative Energiebereitstellung. Jedoch im Hauptteil kann es auch zu anaerober Energiebereitstellung kommen, da oft Übungen sehr schnell und kräftig ausgeführt werden und die Intensität sehr hoch ist (Hollmann und Strüder, 2009, zitiert nach Ferrauti).

Über die gesamte Einheit wird die dynamische Ausdauer trainiert, da sich die Muskeln in ständigem Wechsel zwischen Spannung und Entspannung befinden, jedoch werden auch isometrische Übungen integriert um die statische Ausdauer zu verbessern, hierbei ändert sich nicht die Muskellänge, aber die Muskelspannung (Eifler, 2018, S.32)

1.3 Beweglichkeit

„Beweglichkeit ist die Fähigkeit, Bewegungen willkürlich und gezielt mit der erforderlichen bzw. optimalen Schwingungsweite der beteiligten Gelenke ausführen zu können" (Martin et al., 1993, S. 2014, zitiert nach Eifler, 2018, S. 34).

Zu den beeinflussenden Faktoren zählen unter anderem die Gelenkigkeit, Dehnfähigkeit sowie die Kraftfähigkeit. Dazu kommen personenspezifische Faktoren wie Alter, Geschlecht und Gelenkabnutzung.

Tab. 2: Dehnübungen im Kurs

Übung	Dehnmethode
Pectoralis major dehnen → Butterfly reverse gehalten	Aktiv – statisch
Oder leichte Vor- und Zurückbewegungen	Aktiv – dynamisch
Quadrizeps femoris dehnen → Einbeinstand, ein Fuß durch Hände gehalten	Passiv – statisch

1.4 Koordination

„Koordination ist das Zusammenspiel von Zentralnervensystem als Steuerungsorgan und der Skelettmuskulatur als Ausführungsorgan innerhalb eines Bewegungsablaufs" (Neie, 2007).

Differenziert werden intramuskuläre Koordination, welche die „Rekrutierung der einzelnen motorischen Einheiten innerhalb eines Muskels auf neuronaler Ebene" beschreibt, und intermuskuläre Koordination, welche die Zusammenarbeit von Agonist, Antagonist und Synergist während einer Muskelarbeit definiert (Eifler, 2018, S. 38).

1.4.1 Koordinationsübungen:

Als erste Übung wurde der Liegestütz gewählt. In der Ausgangsposition sind die Beine gestreckt, der Oberkörper ist auf den Händen abgestützt, welche unter den Schultern platziert werden. Die Ellbogen sind leicht gebeugt und der Bauch und das Gesäß sind angespannt. Die Hüfte bleibt gestreckt und der Blick geht Richtung Boden. Während der Bewegung werden die Ellbogen so lange gebeugt, bis der Körper (die Nase) fast den Boden berührt. In Endstellung wird der Körper in einer parallelen Linie zum Boden durch gebeugte Ellbogen gehalten, Spannung ist in Brust und Trizeps zu spüren. Durch Strecken der Ellbogen wird der Körper wieder in die Ausgangsposition geführt.

Diese Übung wurde gewählt, da sie eine komplexe Ganzkörperübung ist, die das Zusammenspiel von m. pectoralis major, m. deltoideus und m. trizeps brachii stärkt und zudem durch statische Arbeit Rumpf- und Gesäßmuskulatur kräftigt.

Eine weitere Übung die die Koordination schult wäre diagonales Arm- und Beinheben im Vierfüßlerstand. Dabei wird im Vierfüßlerstand begonnen, Beine etwa hüftbreit im 90°-Grad-Winkel zur Hüfte und Hände unter Schulter mit leicht gebeugten Ellbogen platzieren. Begonnen wird z. B. mit dem rechten Bein, welches nach hinten durchgestreckt wird, sodass es eine Linie mit dem Rumpf bildet. Gleichzeitig wird der linke Arm nach vor

6

gestreckt und bildet ebenfalls eine Linie mit dem Rumpf. In der Endposition werden Arme und Beine kurz in dieser geraden Linie gehalten um dann wieder Richtung Boden abgesenkt zu werden und Beine und Arme wechseln.

Auch diese Übung ist eine komplexe Übung, sie trainiert das Gleichgewicht, verbessert das Zusammenspiel vom m. deltideus über den m. erector spinea und m. glutaeus bis zur ischiocruralen Muskulatur.

2 Externe Bedingungen einer Kurseinheit

2.1 Rahmenbedingungen:

Eine Rahmenbedingung könnte zum Beispiel die Raumgröße sein, diese bestimmt grundsätzlich die Gruppengröße und damit auch mit welcher Art von Trainingsgeräten trainiert werden kann. Denn wenn der Raum sehr klein ist, wird es schwer beispielsweise einen Jumping-Fitness Kurs zu halten, der auch für das Studio rentabel ist.

Daneben kann eine qualitativ hochwertige Musikanlage mit Mikrofon für Teilnehmer und den Group-Instructor viele Vorteile bieten. Unter anderem wirkt sie sich positiv auf die Stimmung und Motivation der Trainierenden aus. Denn auch die Teilnehmer in der letzten Reihe sollen in der Lage sein, den Trainer gut zu verstehen, ohne dass dieser die Stimme erheben muss, was seiner eigenen Gesundheit auf Dauer schaden könnte. Das erhöht die Begeisterung für diesen Kurs und das Studio und somit für weitere Fitnessangebote.

2.2 Zielgruppe:

Bei der Zielgruppe ist speziell auf das Alter der Teilnehmer zu achten. Dadurch kann das Leistungslevel des Kurses sowie der Inhalt bestimmt werden.

Außerdem ist wichtig, wie groß die Gruppe ist bzw. sein kann, denn dadurch wird bestimmt ob Kleingeräte wie Therabänder oder Langhantel verwendet werden können oder nicht. Auch der Platz spielt hier eine Rolle, denn je größer der Raum umso mehr Personen können am Kurs teilnehmen und umso größer die Auswahl an zu verwendenden Trainingsgeräten. Dadurch kann auf alle Vorlieben der Teilnehmer Rücksicht genommen werden.

2.3 Zielsetzung:

Wird in einer Kursstunde als Ziel die Figurformung und Fettverbrennung gewählt, muss nicht nur der Inhalt angepasst werden, also zum Beispiel ein Mix aus Kraftübungen mit und ohne Hanteln und Ausdauerübungen wie beim Aerobic, sonder auch das Musiktempo und das Musikgenre. Hier werden Musiktempi für Workout von 100-128 bpm bis zum

Aerobic von 130-150 bpm empfohlen (Eifler, 2018, S.57). Der Trainier sollte eine motivierende und etwas fordernde Stimme haben.

Steht allerdings im Vordergrund die Beweglichkeit zu verbessern, sollten vorwiegend Dehnungs- und Mobilisationsübung durchgeführt werden und das zu langsameren, beruhigenden Musik bei etwa 60-90 bpm (Eifler, 2018, S.57) und einer angenehmen ruhigen Stimme des Instrucors.

3 Planung einer Wirbelsäulengymnastik

3.1 Zielgruppe

Bei der Planung dieser Wirbelsäulenstunde wird vor allem auf Teilnehmer mit dem Alter 60+ ohne jeglicher Vorkenntnisse abgestimmt. Dies hat zur Folge, dass die Gruppengröße auf maximal 12 Personen beschränkt ist, um optimale Korrekturen durchzuführen und sich pro Person im Hauptteil zwei Minuten Zeit nehmen zu können (Eifler 2018, S. 139). Das Geschlecht wird hierbei nicht berücksichtigt, da weder typische „Choreografie-Anteile" noch schwere Hanteln zum Einsatz kommen, die die Motivation der Teilnehmer einschränken könnten.

3.2 Material

Benötigt werden Gymnastikmatten, da Übungen auf dem Boden durchgeführt werden.

3.3 Stundenplanung

Begrüßung der Teilnehmer mit Nennung der Stundenziele und allgemeinen Trainings- und Sicherheitshinweisen, sich selber Vorstellen und Begeisterung ausdrücken, Teilnehmer motivieren.

Definition der Kurzschreibweise in den Übungsplänen: ÜG.:= Übergänge; V.:= Variation; SH.:= Sicherheitshinweis

Tab. 3: WS-Gymnastik Warm-up allgemein und speziell

Phase: Warm-up allgemein 5 Minuten

Musik: 60-90 bpm, instrumentale Musik mit leichten Beats

Ziel der Übung	Übungsbezeichnung/ Name der Übung	Übungsbeschreibung	Belastungsgefüge	Bemerkungen/ Hinweise
Körperbewusstsein fördern, Verbesserung der Haltung	Aufrechter Stand, bewusstes Atmen	Aufrecht stehend, Knie leicht gebeugt, Schulterblätter leicht nach hinten unten ziehen, Brustbein heben, Kopf gerade als würde ein Faden am hinteren Scheitel nach oben ziehen, regelmäßige bewusste Atmung	1 Minute	SH.: Knie nicht durchgestreckt, Nacken gestreckt – leichtes Doppelkinn
Körperbewusstsein fördern	Bewegung durch den Raum	Entspanntes Gehen durch den Raum mit aufrechter Haltung, bewusste Atmung	1 Minute	ÜG.: Teilnehmer zur Bewegung auffordern, SH.: richtiges Abrollen der Füße, kein Laufen

Ziel der Übung	Übungsbezeichnung/ Name der Übung	Übungsbeschreibung		Bemerkungen/ Hinweise
-„-	Bewegung durch den Raum mit Schulterkreisen	Während dem Gehen Schulter langsam vor und zurück kreisen	2 Minuten	ÜG.: zum Gehen Arme dazu nehmen, spüren welche Muskeln aktiv werden, Atmung, langsames bewusstes Kreisen! SH.: soll keine Schmerzen verursachen
-„-	Bewegung durch den Raum mit Hüftkreisen	Während dem Gehen Pausen einlegen um Hüfte kreisen zu lassen	2 Minuten	ÜG.: keine Arme sondern Hüftbewegung, langsames Kreisen, SH.: keine Schmerzen im Lendenbereich → sonst Becken nur vor und zurück kippen!

Phase: Warm-up speziell 4 Minuten

Musik: 60-90 bpm, instrumentale Musik mit leichten Beats

Ziel der Übung	Übungsbezeichnung/ Name der Übung	Übungsbeschreibung	Belastungsgefüge	Bemerkungen/ Hinweise
Mobilisation der Halswirbelsäule	Nackenmobilisation	Kopf im Halbkreis langsam von links nach rechts drehen, Blick von Schulter über Boden zur anderen Schulter schweifen lassen, Schulter tief	3 Mal	ÜG.: festen Platz suchen, aufrechter Stand, Knie leicht gebeugt SH.: soweit es problemlos möglich ist, Kopf drehen, langsame bewusste Bewegungen
Mobilisation der Rumpfwirbelsäule, speziell BWS	Oberen Rücken im Stand rundmachen	Aufrechter Stand, Knie gebeugt, Arme seitlich ausstrecken. Für Rundrücken Arme nach vorne ziehen, Schulterblätter auseinander ziehen, Kopf nach vor neigen, wieder zurück durch Schulterblätter zusammenziehen, Arme seitlich strecken, Kopf aufrecht	5 Mal	ÜG.: aufrechter Stand, Knie leicht beugen, Arme auf Schulterhöhe heben, ausatmen beim nach vorne gehen, einatmen beim Aufrichten SH.: kontrollierte Bewegungsausführung, soll keine Schmerzen verursachen

| Bewusstsein für Beckenstellung schaffen | Beckenmobilisation | Im aufrechten Stand Becken vor und zurückkippen | 5 Mal | ÜG.: aufrechter Stand, Knie leicht beugen, Vorstellung: Scheinwerfer auf vorderen Beckenknochen und Sitzbeinnen: diese sollen rauf und runter scheinen SH.: keine Schmerzen in LWS, langsame bewusste Bewegungen |

Tab. 4: WS-Gymnastik Hauptteil

Phase: Hauptteil 25 Minuten

Musik: 90-120 bpm, instrumentale Musik mit leichten Beats, dezenter Gesang

Fokus: Kräftigung der rumpfstabilisierenden Muskulatur

Ziel der Übung	Übungsbezeichnung/ Name der Übung	Übungsbeschreibung	Belastungsgefüge	Bemerkungen/ Hinweise
Stärkung der des mm. erector spinae	Rumpfextension	Schulterbreiter Stand, Knie gebeugt, gerader Rücken, Oberkörper tief und hoch bewegen, Arme je nach individuell möglicher Intensität vor der Brust, seitlich oder nach oben gestreckt	3x8 Sätze abwechselnd mit Schulterblattpro- bzw. Retraktion	ÜG.: Gymnastikmatten holen Auf geraden Rücken achten, Bauch anspannen, Zehen zeigen leicht nach außen, Knie in Richtung der Zehen, individuelle Intensität herausfinden V.: Arme vor Brust gekreuzt (leicht), seitlich strecken (mittel), nach oben strecken(schwer) SH.: keine Schmerzen in der LWS → ansonsten nur ganz leichte Vor- und Zurückbewegungen, Selbstkontrolle im Spiegel, Nacken nicht überstrecken

Stärkung des m. trapezius und m. pectoralis	Schulterblattpro- bzw. Retraktion	Aufrechter, schulterbreiter Stand, Knie leicht gebeugt, Schulter nach vor- und zurückziehen durch gezieltes Anspannen des Brust- und Kapuzenmuskels	3x8	ÜG.: stehend, sollte immer entweder Dehnung in der Brust und Anspannung im Trapezius oder umgekehrt sein SH.: Hals nicht überstrecken, Schultern nach unten ziehen
Stärkung mm. erector spinae, m. deltoideus pars spinata, m. glutaeus maximus, ischiocrurale Muskulatur	Vierfüßlerstand Arme und/oder Beine heben	In den Vierfüßlerstand gehen, Hände direkt unter Schultern platzieren, Ellbogen sind leicht gebeugt, Knie unter Hüfte etwa hüftbreit platzieren, Füße gerade auf Boden legen so dass die Fußsohle nach oben zeigt, Arm oder Bein in Verlängerung des Rückens vor- bzw. zurückstrecken, Bauch anspannen	3x16 (pro Seite jeweils 8)	ÜG.: Rückengerecht auf Boden begeben; Spannung in Bauch bringen (durch Bauchnabel zur WS ziehen), Arme abwechselnd vorstrecken, in den Pausen auf Beine absenken und durchatmen V.: bei Schmerzen in Schultern Beine zurückstrecken, Arme und Beine gleichzeitig und diagonal strecken SH.: Nacken nicht überstrecken, kontrollierte Bewegungen → nicht schwingen!
Stärkung mm. erector spinae	Oberkörper heben in Bauchlage	Auf Bauch legen, Hände neben Schultern ablegen, Blick zum Boden → gerader Hals, Oberkörper und Arme vom Boden abheben, Po anspannen, Spannung im unteren Rücken	3x8	ÜG.: vom Vierfüßlerstand langsam in Bauchlage absenken, in den Pause entspannen und durchlockern V.: Hände am Boden lassen (leichter) oder Arme vor strecken (schwerer) SH.: geraden Nacken machen, nicht schwingen, Füße bleiben am Boden, Fußsohle zeigt zur Decke
Stärkung mm. erector spinae, m. rectus abdominis, m. obliquus internus/ externus, m.	Lateralflexion seitlich liegend rechts	Links liegend, linkes Bein leicht angewinkelt, rechtes Bein gestreckt, linker Arm im 90° Winkel zum Körper am Boden, Kopf in Verlängerung der WS, rechter Arm etwa auf Brusthöhe vorm Körper abgestützt, rechte	2x8 Abwechselnd mit Crunch und linke Lateralflexion	ÜG.: Von der Bauchlage auf die linke Seite drehen V.: rechter Arm hilft unterstützend mit durch wegdrücken vom Boden (leichter), rechter Arm zieht über die Hüfte hinaus (schwerer) SH.: Nacken stabilisieren wenn notwendig, gerade Bewegung → nicht nach vorne einrollen!

Ziel	Übung	Beschreibung	Wdh.	Hinweise
transversus abdominis		Schulter zieht Richtung Hüfte, Spannung im Bauch und Rücken aufrechterhalten		
Stärkung m. rectus abdominis, m. obliquus internus/externus, m. transversus abdominis	Crunches	Rückenlage, Beine etwa 45° angewinkelt, Arme über Brust gekreuzt, Kopf heben so dass etwa die eigene Faust zwischen Kinn und Brust passt,	3x8	ÜG.: von der Seite auf den Rücken drehen, Füße aufstellen V.: Hände vor Brust gekreuzt (leicht), Hände zur Decke strecken (schwer), mit Finger hinter Ohren den Kopf stützen (Entlastung für Nacken) SH.: Faust zwischen Kinn und Brustbein, Blick soll Bewegung folgen, Ausatmen bei Anspannung, Einatmen bei Entspannung
Stärkung mm. erector spinae, m. rectus abdominis, m. obliquus internus/ externus, m. transversus abdominis	Lateralfelxion seitlich liegend links	Rechts liegend, rechtes Bein leicht angewinkelt, linkes Bein gestreckt, rechter Arm im 90° Winkel zum Körper am Boden, Kopf in Verlängerung der WS, linker Arm etwa auf Brusthöhe vorm Körper abgestützt, linke Schulter zieht Richtung Hüfte, Spannung im Bauch und Rücken aufrechterhalten	2x8	ÜG.: Von der Rückenlage auf die rechte Seite drehen V.: linker Arm hilft unterstützend mit durch wegdrücken vom Boden (leichter), linker Arm zieht über die Hüfte hinaus (schwerer) SH.: Nacken stabilisieren wenn notwendig. gerade Bewegung → nicht nach vorne einrollen!
Stärkung mm. Erector spinae, m. glutaeus maximus, ischiocrurale Muskulatur	Schulterbrücke	Rückenlage, Füße im 45°Winkel zum Gesäß, Hände neben dem Körper, Beginnend mit Becken aufrollen bis Knie, Hüfte und Schultern eine gerade Linie ergeben, beim Absenken mit BWS beginnen und bis LWS abrollen	4x 30 Sekunden halten	ÜG.: auf den Rücken drehen, Füße anwinkeln, Hände ablegen, kontrolliert Wirbel für Wirbel auf- und abrollen, sodass ganze WS am Boden liegt, Bauchnabel zur WS ziehen, Po anspannen, in den Pausen entspannen V.: abwechselnd ein Bein ausstrecken (schwer) SH.: kein Hohlkreuz machen
Stärkung m. rectus abdominis, m. obliquus	Beckenlift	Rückenlage, Beine im 90° Winkel Richtung Decke strecken, Arme neben dem Körper	3x8	ÜG.: in Rückenlage bleiben, Beine so gut es geht ausgestreckt zur Decke zeigen lassen, in den Pause entspannen

14

| internus/externus, m. transversus abdominis | ablegen, Beine und Becken zur Decke ziehen, langsam absenken | V.: Arme können unterstützend mithelfen (leichter), Arme seitlich wegstrecken (schwerer) SH.: Becken nicht auf Boden fallen lassen → kontrolliert absenken, wenige cm Abstand vom Boden reichen |

Tab. 5: WS-Gymnastik Cool-down

Phase: Cool-down 11 Minuten

Musik: 60-90 bpm, Regenwaldklänge

Ziel der Übung	Übungsbezeichnung/ Name der Übung	Übungsbeschreibung	Belastungsgefüge	Bemerkungen/ Hinweise
Dehnung der gesamten Rumpfmuskulatur	Lang machen in Rückenlage	Rückenlage, Arme und Beine ganz weit strecken, als würde man im Liegen nach etwas über seinem Kopf am Boden greifen wollen	2x 1 Minute	ÜG.: in Rückenlage bleiben, Arme und Beine ganz lang machen, Dehnung im gesamten Rumpf und Armen spüren SH.: Blick zur Decke → Hals nicht überstrecken
Fördern der Durchblutung in Extremitäten, leichte Erhöhung des Pulses	Ausschütteln in Rückenlage	Arme und Beine aufrichten und gut durchschütteln	30 Sekunden	ÜG.: in Rückenlage Arme und Beine zur Decke strecken und gut durchschütteln für Durchblutung, auch Rumpf leicht schüttel (wie ein Käfer der am Rücken liegt)
Dehnung des mm. erector spinae	Langsitz Rückendehnung	Langsitz → Beine so gut als möglich vorm Körper durchstrecken, mit Händen in Richtung Zehen ziehen, Kopf leicht mit einrollen	2 x 1 Minute	ÜG.: mit Händen um ein Knie greifen und sich so aufschwingen in den Langsitz, versuchen mit Händen die Zehen zu greifen und dabei die Dehnung im gesamten Rücken wahrnehmen

Übung	Kurzname	Beschreibung	Dauer	Hinweise
Dehnung m. latissimus dorsi, m. obliquus internus/externus	Latissimus-Dehnung im Seitstütz	Mit rechtem Knie am Boden, linkes Bein gestreckt, rechter Arm stütz sich am Boden ab, linker Arm gestreckt in Verlängerung des Rumpfes, sodass vom Sprunggelenk über Hüfte und Schulter bis zum Handgelenk eine Linie entsteht, Seiten wechseln	2 x 1 Minute (1 pro Seite)	V.: Knie beugen, evt. Arme um Knie schlingen um mehr Dehnung im oberen Rücken zu spüren → für Verspannungen (Tipp für zuhause) ÜG.: vom Langsitz in den Schneidersitz und dann Vierfüßlerstand wechseln um so in die Übungsposition zu wechseln, gestreckten Fuß und Arm ganz lang machen für Dehnung im Latissimus SH.: Ellbogen des abgestützten Arms leicht gebeugt, falls Schmerzen in stützendem Handgelenk → auf Faust abstützen und Handgelenk stabilisieren
Dehnung m. iliopsoas, m. rectus femoris	Hüftbeuger dehnen im Ausfallschritt	In den knieenden Ausfallschritt gehen, Hüfte nach vor schieben, Becken nach oben heben, Seiten wechseln	2 x 1 Minute (1 pro Seite)	ÜG.: von seitlicher Dehnposition über Vierfüßlerstand in den Ausfallschritt, hinteren Fuß anheben oder gerade auf Boden legen um Patella zu entlasten (je nach Vorlieben) SH.: mit Händen am vorderen Fuß abstützen für Gleichgewicht
Dehnung m. pectoralis, m. deltoideus pars clavicularis	Dehnung der Brustmuskulatur	Im geraden Stand Arme seitlich vom Körper in eine W-Stellung nehmen, dynamisch zurückziehen	2 x 1 Minute	ÜG.: rückengesundes Aufstehen durch abstützen in der Schrittstellung V.: Arme in W-Stellung vom Körper strecken oder Hände hinter dem Rücken falten und Richtung Boden ziehen SH.: dynamische Bewegung kontrolliert und langsam durchführen, nicht reißen oder schwingen!

Mobilisation, leichte Erhöhung des Pulses	WS komplett auf- und abrollen	Aufrechter Stand, Knie leicht gebeugt, Arme gefolgt vom Rumpf fallen lassen, Knie dynamisch wippen, ausschütteln und langsam Wirbel für Wirbel beginnend mit LWS aufrollen, zum Schluss HWS gerade machen	3-5 Wdh.	ÜG.: kontrolliertes Fallenlassen, darauf aufmerksam machen, dass alle Wirbel gespürt werden beim Aufrollen SH.: bei Schmerzen in WS langsames ab- und aufrollen → kein Fallenlassen
Bewusstmachen des richtigen Standes	Aufrechter Stand	Aufrecht stehend, Knie leicht gebeugt, Schulterblätter leicht nach hinten unten ziehen, Brustbein heben, Kopf gerade als würde ein Faden am hinteren Scheitel ziehen, regelmäßige bewusste Atmung	30 Sekunden	SH.: Knie nicht durchgestreckt, Nacken gestreckt – leichtes Doppelkinn

Beendigung der Stunde: Bedanken bei der Gruppe für die tolle Mitarbeit, Freude auf nächstes Mal ausdrücken

3.4 Begründung

Die Reihenfolge der Übungen im Hauptteil wurde so gewählt, dass ein möglichst harmonischer Übungswechsel garantiert wird. Da die letzte Übung im speziellen Warm-up im Stand durchgeführt wird, erfolgt auch die erste Übung des Hauptteiles im Stand. Hier wurde die Rumpfextension gewählt, da diese explizit die Rumpfstreckmuskulatur vor allem im Lendenwirbelbereich, die bei den meisten Teilnehmern oft schwach ausgebildet ist, trainiert. Durch die verschiedenen Variationsmöglichkeiten kann sie für jede Leistungsstufe angewendet werden.

Die Folgeübung Schulterblattpro- bzw. Retraktion wird auch im Stand durchgeführt, sie soll speziell den oberen Rücken und die Brust für eine aufrechte Haltung stärken. Diese hat auch den Vorteil, dass gleichzeitig die Antagonisten leicht gedehnt werden und auf die typische Bürohaltung aufmerksam macht, welche vermieden werden sollte.

Um zur dritten Übung überzugehen wird die rückengesunde Körperverlagerung aus dem Stand in den Vierfüßlerstand durch das Tiefgehen über einen Ausfallschritt durchgeführt. Schwerpunkt dieser Übung soll das Gleichgewichthalten durch Stabilisierung des Rumpfes sein. Das trainiert das Zusammenspiel der gesamten Rumpfmuskulatur.

Anschließend legt man sich vorsichtig in Bauchlage um noch einmal konzentriert die Mm. erector spinae im LWS-Bereich zu trainieren. Um nicht nur die Rückenmuskeln zu stärken, werden im Folgenden die Bauchmuskeln durch eine Lateralflexion in der Seitlage und Crunches trainiert.

Die Schulterbrücke soll nicht nur die gesamte Rumpfmuskulatur, ischocrurale und Gesäßmuskulatur kräftigen, sondern auch ein Bewusstsein für die einzelnen Wirbelkörper hervorrufen, durch gezieltes, langsames auf- und abrollen.

Abschließend werden durch den Beckenlift die geraden und unteren Bauchmuskeln gestärkt um so ein muskuläres Gleichgewicht in Rücken und Bauch zu schaffen.

4 Literaturverzeichnis

Bergmann, J. (2018). AKADEMIE für SPORT und GESUNDHEIT. *Kraft im Sport. Erklärung und Definition.* Zugriff am 21.05.2018. Verfügbar unter: https://www.akademie-sport-gesundheit.de/lexikon/definition-kraft-sport.html

Blanks, B. (2004). *Billy Blanks Tae Bo – Cardio [2004].* Zugriff am 29.05.2018. Verfügbar unter: https://www.youtube.com/watch?v=jJLkzjeU5FU

Eifler, C. *Studienbrief Gruppentraining I.* (rev.19.026.000). Saarbrücken: Deutsche Hochschule für Prävention und Gesundheitsmanagement

Ferrauti, A., Ruhr-Universität Bochum Fakultät für Sportwissenschaft. *Ausdauertraining - 1-Fach BA Seminar Theorie und Praxis des Konditionstrainings.* Zugriff am 21.05.2018. Verfügbar unter: http://www.sportwissenschaft.rub.de/mam/traiwi/lehre/pruefungen/klausuren/konditionstraining_ausdauer.pdf

Kraemer, W. J. & Fleck, S. J. (2007). *Optimizing strength training. Designing nonlinear periodization workouts.* Human Kinetics.

Neie, A. (2007). MFT Master Instruktorin und Groupfitness Referentin. *Ohne Koordination ist alles nichts!* Zugriff am: 21.05.2018. Verfügbar unter: http://www.f-uf.de/pdf/aktuelles/A-2007-19-1VortragKoordination27102007.pdf

5 Abbildungs- und Tabellenverzeichnis

5.1 Tabellenverzeichnis

BEI GRIN MACHT SICH IHR WISSEN BEZAHLT

- Wir veröffentlichen Ihre Hausarbeit, Bachelor- und Masterarbeit

- Ihr eigenes eBook und Buch - weltweit in allen wichtigen Shops

- Verdienen Sie an jedem Verkauf

Jetzt bei www.GRIN.com hochladen und kostenlos publizieren